Effektive Unternehmensführung für ein Gesundheitsstudio. Strategische Planung und Personalmanagement

GRIN ☺

Bibliografische Information der Deutschen Nationalbibliothek:

Die Deutsche Nationalbibliothek verzeichnet diese Publikation in der Deutschen Nationalbibliografie; detaillierte bibliografische Daten sind im Internet über http://dnb.d-nb.de abrufbar.

ISBN: 9783389041130
Dieses Buch ist auch als E-Book erhältlich.

© GRIN Publishing GmbH
Trappentreustraße 1
80339 München

Druck und Bindung: Books on Demand GmbH, Norderstedt Germany
Gedruckt auf säurefreiem Papier aus verantwortungsvollen Quellen

Das Buch bei GRIN: https://www.grin.com/document/1485014

Inhaltsverzeichnis

1 Aufgabe 1: Darstellung der Ausgangssituation

1.1 Wahl des Standorts

Das Gesundheitsstudio in 44147 Dortmund ist im Hacheneyer Kirchweg 150 angesiedelt. Der Standort ist in Abbildung 1, die mit der Website „Open Route" (Openroute Service, 2024) erstellt wurde. Anhand des blauen Punkts zu erkennen und liegt im beliebten Stadtteil Hörde. Er wurde ausgewählt, da er infrastrukturell gut erreichbar ist. Vom Gesundheitszentrum zur nächsten U-Bahn-Station sind es 450 Meter. In Abbildung 1ist das Einzugsgebiet anhand der Fahrtzeit mit dem Auto von 7 Minuten (blau) und 14 Minuten (türkis) abgebildet. Außerdem können Fahrräder im Innenhof sicher und kostenlos angeschlossen werden. Der Mietspiegel liegt im Stadtteil Hörde bei 8,68€/m^2 (Mietspiegel, 2024).

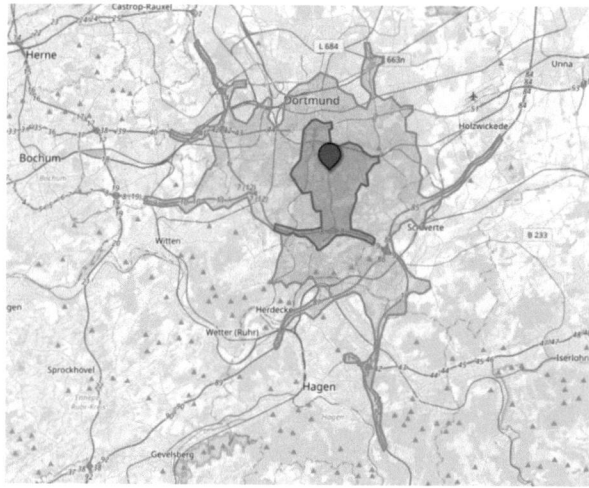

Abb. 1: Standort des Gesundheitszentrums

2   Beschreibung des Unternehmenstyps

Mit dem Gesundheitszentrum wird ein Ort geschaffen, an dem Kunden unterschiedlicher Altersgruppen ganzheitlich, von hochwertig ausgebildeten TrainerInnen und TherapeutInnen in verschiedenen Geschäftsfeldern betreut werden. Die verschiedenen Angebote erstrecken sich auf eine Fläche von über 200 m², aufgeteilt auf drei Etagen. Zusätzlich steht eine Außenfläche zur Verfügung.

Im Empfangsbereich des modernen Gebäudes werden die Kunden von 6 Uhr bis 22 Uhr persönlich begrüßt, können sich einen Überblick über die zahlreichen Dienstleistungen schaffen und werden von geschultem Personal beraten. Das Erdgeschoss zeichnet sich durch den großen Trainingsbereich aus, der für die Funktionalen Fitnessangebote sowie für den Freihantelbereich ausgerichtet ist. Dort haben sie die Möglichkeit über die Treppe oder einen behindertengerechten Aufzug in die anderen Etagen zu gelangen. Die Umkleide ist direkt angrenzend.

Das Erdgeschoss zeichnet sich durch seinen großen Funktionalen Trainings- und Freihantelbereich aus. Das Studio ist mit Lang-, und Kurzhanteln, Kettlebells und einem großen freistehenden Rack von ELEIKO ausgestattet. Hier findet freies Training statt, wobei immer ein lizenzierter Trainer oder Trainerin vor Ort ist. Außerdem gibt es täglich angeleitete Kurse, bei denen maximal 12 Mitglieder teilnehmen können. So ist die optimale Betreuung gewährleistet. Das Erdgeschoss ist so konzipiert und gedämmt, dass lautes Fallenlassen der beladenen Langhantel oder laute Musik die restlichen Mitglieder nicht stört. Zusätzlich kann man ein großes Tor öffnen und somit auch einen kleinen Außenbereich inklusiv einer Laufstrecke um das Gebäude nutzen kann.

Über Treppen oder einen behindertengerechten Aufzug gelangt man in die zweite Etage. Hier findet man einen großen Kursraum, in dem mehrmals täglich angeleitete Kurse wie Yoga, Pilates, oder Rückenschule sowie Rehabilitationskurse stattfinden. Die Kurse sind für Mitglieder, RehapatientInnen und über Firmenfitness buchbar.

In dieser Etage findet man außerdem den Milon Zirkel, Dr. Wolff Geräte, Concept2 Cardio Geräte, Kinesis Seilzug und Faszienrollen.

Außerdem gibt es einen abgeteilten Bereich, in dem die Physiotherapie ansässig ist. Hier werden Patienten von qualifizierten PhysiotherapeutInnen in drei Behandlungsräumen behandelt. Die TherapeutInnen behandeln nicht nur manuell, sondern führen die Patienten gezielt an Übungen heran, die die Funktion der zu behandelnde Bereiche verbessert. Dazu können sie das gesamte Studio nutzen und die Patienten so behutsam an das Training heranführen. Nach abgeschlossener Therapie halten sich die Patienten weiterhin fit und investieren in ihre Gesundheit. Der Vorteil bei uns zu trainieren ist, dass jederzeit geschulte TherapeutInnen zu Rat gezogen werden können und die Patienten einen leichten Einstieg in das Krafttraining durch zum Beispiel den Milon Zirkel finden. So werden sie auf lange Sicht an unser Gesundheitszentrum gebunden.

In der obersten Etage befindet sich der Wellnessbereich und ein gesonderter Raum, in dem die Ernährungsberatung stattfindet.

Der Wellnessbereich ist ausgestattet mit zwei Saunen, und einer Infrarotkabine. Außerdem sind zum Beispiel Sportmassagen bei ausgebildeten MassagetherapeutInnen buchbar. Der Saunabereich ist jederzeit von geschultem Personal überwacht, das auch Aufgüsse ausführt. Die Mitglieder können sich einen zusätzlichen Service dazubuchen, bei dem ein Handtuchservice inkludiert ist. Zweimal pro Monat findet die sogenannte „Damensauna" statt.

Die Betreuung der Kunden steht im Vordergrund, deswegen wird eine regelmäßige Trainings- und Ernährungsplananpassung angeboten. Da die zwei Bereiche miteinander verbunden sind, haben die Kunden die Möglichkeit spezielle Pakete zu buchen, die in Kombination einen preislichen Vorteil versprechen. Zusätzlich wird das 1:1 Personal Training angeboten, in dem zielgerichtet gearbeitet werden kann.

Es werden Seminare zu spezifischen Gesundheitsthemen angeboten, die auch von Nichtmitgliedern, Firmen oder Schulten gebucht werden können. Außerdem ist es auch möglich Seminare im betrieblichen oder schulischen Umfeld zu buchen.

Alle TrainerInnen und TherapeutInnen sind lizenziert und haben ein Studium im Bereich Gesundheit absolviert. Für jeden Bereich gibt es ExpertInnen, die zu Rate gezogen werden können.

Alle Geschäftsfelder, Produkte und Dienstleistungen sind in folgender Tabelle einzusehen.

Tab. 1: Geschäftsfelder, Produkte und Dienstleistungen

Geschäftsfeld	Produkte	Dienstleistungen
Betreuung	Termine mit lizenzierten TrainerInnen und TherapeutInnen	Regelmäßige Termine zur individuellen und spezifischen Trainings-/Therapieplananpassung, garantierte Anwesenheit von mindestens einem Trainer auf der Trainingsfläche, Anpassung eines

Geschäftsfeld	Produkte	Dienstleistungen
		individuellen Ernährungsplans
Funktionales Training	Lang-/Kurzhanteln, Kettlebells und mehr von ELEIKO	Abgeteilter Bereich, in dem die Mitglieder speziell Platz für Gewichtheben, inklusive Gewichthebeplattformen zum Droppen, turnerische Elemente am freistehenden Rack und Möglichkeit zum Laufen im Outdoorbereich haben.
Gruppenkurse	Vielfältiges Kursprogramm, z.B. Funktionelles Training, Yoga, Pilates, Rückenschule	Lizenzierte TrainerInnen betreuen einen Kurs mit maximal 12 Personen, sodass die optimale Betreuung gewährleistet ist.
Flächentraining	Milon Zirkel, Dr. Wolff Geräte, Concept2 Cardio Geräte, Kinesis Seilzug, Faszienrollen uvm.	Lizenzierte TrainerInnen weißen die Kunden in die Einstellung und Funktionen der Geräte ein, überwachen und korrigieren das Training.
Ernährungsberatung	Ernährungskurse, individuelle Ernährungspläne, Körperfettmessung mit Caliper	Lizenzierte ErnährungsberaterInnen erstellen einen individuellen Ernährungsplan und stimmen ihn in Regelmäßigen Abständen ab. Regelmäßige Körperfettmessung möglich.
Wellness	Sauna, Infrarotkabine, Massagen	Bereitstellung und Einweisung der Geräte unter Garantie der Hygienemaßnahmen, Massagen durch lizenzierte Therapeuten und Therapeutinnen.
Rehabilitation	Physiotherapie, Rehabilitationskurse	Physiotherapie als Privat- oder Kassenpatient, Durchführung spezieller Rehabilitationskurse durch lizenzierte TrainerInnen.
Gesundheitsmanagement	Firmenfitness, Seminare bei Firmen, Schulen oder Kindergärten	Buchung durch Externe.
Seminare	Inhouse Seminare	Experten referieren zu gesundheitsorientierten und sportspezifischen Themen.
Personaltraining	1:1 Training	Lizenzierte TrainerInnen führen ein 1:1 Training mit den Kunden durch.
Communityevents	Event mit Spaßfaktor	Einmal monatlich wird ein kostenloses Communityevent mit wechselndem Programm angeboten, an dem alle zusammenkommen

3 Aufgabe 2: Phase der strategischen Zielplanung

3.1 Unternehmerische Vision / Mission / Grundwerte

„Eine Vision umfasst Vorstellungen über erwünschte Zustände und beschreibt den idealen Sollzustand in einer längerfristigen Perspektive, also über die Dauer eines Projekts oder Programms hinaus. Eine gute Vision ist einfach und klar, sie motiviert die Beteiligten, trotz potenziell unterschiedlicher Interessen gemeinsam auf dasselbe Fernziel hin zu arbeiten und einen Beitrag dazu zu leisten." (Schweiz, 2022)

Man findet im Netz viele Definitionen von Vision. Dieses Zitat beschreibt sie im Kontext zu unserem Unternehmen passend, denn wir wollen nicht nur unsere Kunden auf lange Sicht fit halten, sondern auch unsere Mitarbeiter und das möchten wir verkörpern.

Somit lautet die Vision unseres Unternehmens: **„Wir leben Gesundheit."**

Wir – das steht für Wir als Unternehmen, Mitarbeiter und Mitglieder. Das Zusammengehörigkeitsgefühl wird durch den Communitygedanken gestärkt. Man kommt nicht nur zu uns, um Sport zu treiben, sondern auch um Freunde zu treffen und somit die Mentale Gesundheit zu unterstützen.

Leben – steht für mehr als nur „Arbeit" Es geht um den Erhalt und die Verbesserungen der Lebensqualität und das langfristig. Das ist sowohl auf die Mitglieder als auch auf die Mitarbeiter übertragbar. Wichtig ist, dass kontinuierlich an der langfristigen Gesundheit gearbeitet wird. Und das nicht nur heute, sondern auch noch in 30 Jahren und das möchten wir zu unserer Aufgabe machen.

Gesundheit – ist allumfassend und passiert nicht nur bei uns im Fitnessstudio, sondern auch darüber hinaus. Wir machen uns zur Aufgabe genau das den Kunden mitzugeben und zur täglichen Routine werden zu lassen.

Die Mission unseres Unternehmens ist es, unsere Vision an unsere Kunden weiterzugeben. Wir denken auf lange Sicht und kleine Schritte führen zum Erfolg. Eine tägliche, gesundheitsorientierte Routine vereinfacht uns das Leben. Wir möchten einen gesunden Lebensstil vorleben und jedem Mitglied das Gefühl geben, dass alles erreichbar ist, egal in welchem Stadium man sich gerade befindet. Außerdem ist es uns wichtig ein „Wir-Gefühl" in unserem Zentrum zu etablieren. Jeder gehört dazu, egal wie fit oder unfit. Man findet Gleichgesinnte und kommt somit gerne zu uns und wird vermisst, wenn man nicht kommt.

Folgende Tabelle zeigt die Grundwerte des Unternehmens. Links das Handeln unserer Mitarbeiten und Rechts die Außenwahrnehmung.

Tab. 2: Grundwerte des Unternehmens

Mitarbeiter	Außenwahrnehmung
Authentizität - Sind kompetent, qualifiziert und empathisch.	Innovation - Das Gesundheitszentrum ist mit qualitativ hochwertigen Geräten ausgestattet und alles ist hygienisch und sauber.
Herzlichkeit - Binden jeden mit in die Gemeinschaft ein. Dadurch resultiert eine niedrige Mitgliederfluktuation, durch ein starkes Gemeinschaftsgefühl.	Teamarbeit - Die Mitarbeiter sind glücklich und arbeiten gerne. Das überträgt sich auf die Kunden.
Mitarbeiterbindung - Sind motiviert, bilden sich stetig weiter und fühlen sich wohl. Dadurch resultiert eine niedrige Mitarbeiterfluktuation, was ein gutes Bild auf das Unternehmen wirft. Die Mitarbeiter wirken glücklich und übertragen das auf die Kunden.	Expertise - Alle Mitarbeiter sind gut ausgebildet und ergänzen sich. Jedes Gesundheitsspektrum ist abgedeckt und man wird von Experten beraten.
Pünktlichkeit - Sind pünktlich zu Terminen und bereiten vor Kursen alles vor.	Pünktlichkeit - Alle Kurse und Termine finden pünktlich statt, darauf kann man sich verlassen.
Achtsamkeit - Helfen sich gegenseitig aus und agieren als erfolgreiches Team.	Zugehörigkeit - Man findet eine großartige Community vor, die keinen ausschließt.
Mission - Leben die Unternehmensvision.	Familiär - Die Kunden möchten Teil von unserem Konzept werden.

3.2 Strategische Zielplanung

In Aufgabe 2.1 wurde die Unternehmensvision, -mission und die Grundwerte formuliert. Daraus ergeben sich folgende Unternehmensziele:

1. Erreichung der Gesundheitsziele der Mitglieder
2. Mitgliedergewinnung
3. Stetige Weiterbildung der Mitarbeiter
4. Gewinnung von Kooperationen mit weiteren Firmen, Schulen und Ärzten

Die Erreichung der gesundheitlichen Ziele der Mitglieder ist Priorität Nummer 1. Neukunden sollten innerhalb der ersten sechs bis zehn Wochen Erfolge erzielen. Daraus folgt, dass sie glücklich sind und uns weiterempfehlen, was uns zu Punkt Nummer Zwei bringt – Mitgliedergewinnung. Ziel ist es 25 Mitglieder pro Monat zu gewinnen, was zu 300 Mitglieder pro Jahr führt. Durch die Physiotherapie werden weitere Mitglieder generiert.

Ziel Nummer Drei ist es, dass sich unsere Mitarbeiter ständig weiterbilden und mindestens eine Weiterbildung pro Jahr absolvieren. So bleibt das Unternehmen auf dem neusten Stand und die Mitarbeiter motiviert. Das letzte Ziel ist die Gewinnung von weiteren Kooperationen mit Firmen, Schulen und Ärzten, damit wir mehr Menschen erreichen und unsere Vision verbreiten können.

3.3 Branchenvergleich

Die Gesundheitsbranche ist überfüllt mit günstigen Discounterstudios, die mehr inaktive als aktive Mitglieder haben. Mit unserem Gesundheitsstudio möchten wir genau das Gegenteil schaffen: Die Mitglieder sollen gerne und regelmäßig zu uns kommen und somit ihre Gesundheit auf lange Sicht verbessern. Somit vergleichen wir uns mit regionalen Studios, die im direkten Wettbewerb konkurrieren.

Gesundheitszentrum Vital
Das Gesundheitszentrum Vital liegt in unserem Einzugsgebiet und ist acht Autominuten von unserem Unternehmen entfernt. Das Gesundheitszentrum Vital vertritt die Vision „Gesundheit aus einer Hand" und bietet ähnliche Dienstleistungen an, wie zum Beispiel spezifisches Gerätetraining, Physiotherapie und Präventionskurse. Auf der Homepage ((Vital Dortmund) wird klar, dass die Kunden betreut werden. Die Öffnungszeiten an Werktagen liegen zwischen 8:30 Uhr und 21 Uhr, an den Wochenenden von 10 Uhr bis 16 Uhr.

Injoy Pottfit
Das Fitnessstudio Injoy Pottfit liegt ebenfalls in unserem Einzugsgebiet und ist sechs Autominuten entfernt. Eine klare Vision ist auf der Homepage nicht zu erkennen, jedoch steht auch hier Betreuung im Fokus. Denn sie haben sich „zum Ziel gesetzt, die Lebensqualität unserer Kunden zu erhöhen. Dazu bieten wir unseren Gästen gesundheitsorientiertes Fitnesstraining auf höchstem Niveau mit individueller Beratung und zielgerichteter Betreuung." (Injoy Pottfit) Das Angebot reicht von klassischen

Trainingsangeboten über Firmenfitness bis hin zu Kursen. Außerdem gibt es einen weiteren Standort in Dortmund.

Schlussfolgernd ist aus dem Branchenvergleich zu erkennen, dass die Unternehmen ähnliche Dienstleistungen anbieten und auch ähnliche Visionen vertreten. Umso wichtiger ist es, dass wir uns hervorheben. Das tun wir dadurch, dass wir alle Altersgruppen ansprechen und nicht entweder die junge oder die ältere Generation. Durch unser umfangreiches Angebot der funktionellen Fitness, wie auch an geführten Trainingsgeräten, kann bei uns jeder trainieren und auf seine Kosten kommen. Außerdem bieten wir einen Wellnessbereich und Physiotherapie an, was es so bisher in Dortmund noch nicht gibt. Unsere Priorität ist es, ein Communitygefühl zu erzeugen und dieses wird durch die monatlichen Communityevents gefestigt. So binden wir die Kunden langfristig an uns. Wir leben unsere Vision und das ist für die Mitglieder spürbar. Bei anderen Unternehmen ist die Vision nicht ersichtlich.

4 Aufgabe 3: Phase der strategischen Analyse und Prognose

4.1 Branchenstrukturanalyse

Folgend wird eine Branchenstrukturanalyse nach Porter durchgeführt. Porter entwickelte 1979 das Modell der fünf Wettbewerbskräfte („five forces") um die Marktkräfte noch genauer zu identifizieren.

1. Anzahl und Stärke der Wettbewerber der Branche
Studios, die ihren Standort im Einzugsgebiet unseres Studios haben und schon länger existieren, ein ähnliches Angebot haben und ausbauen könnten. Das sind aktuell 11 Studios in einer Entfernung von maximal 30 Autominuten.

2. Bedrohung durch potenzielle, neue Konkurrenten
Fitnessstudios, Gesundheitszentren oder Physiopraxen, die potentiell neu eröffnen und ein ähnliches Angebot anbieten.

3. Zahl, Größe, Verhaltensstruktur und Preissensitivität der Abnehmer
- Neu zugezogene Kunden
- Kunden auf der Durchreise, die entweder eine Tages-, Wochen- oder Monatskarte kaufen

- Kunden aus ganz Deutschland, die Seminare buchen

4. Bedrohung durch Ersatzprodukte

Ersatzprodukte könnten YouTube Videos, Gesundheitsapps oder Outdoorworkouts sein.

5. Verhandlungsstärke der Lieferanten

Kooperationspartner, wie Ärzte, Firmen oder Schulen.

Der Fakt, dass viele weitere Studios mit ähnlichen Angeboten in unmittelbarer Umgebung ihren Standort haben, ist eindeutig. Genauso die mögliche Bedrohung durch potentielle, neue Konkurrenten. Wir steuern dagegen, indem wir eine einzigartige Community schaffen, die den Zusammenhalt bei den Kunden, aber auch bei den Mitarbeitern stärkt. Außerdem ist es sehr wichtig, dass wir jederzeit technologisch, wie auch fachlich auf dem neusten Stand sind und unsere Öffnungszeiten der Nachfrage anpassen. Der Bedrohung durch Ersatzprodukte können wir entgegensteuern, indem wir selbst ein digitales Angebot erstellen. Das könnte beispielsweise eine App sein, über die die Kunden Kurse buchen können, ihren Trainingsplan mit Alternativübungen für zuhause und unterwegs abrufen können sowie ihren Ernährungsplan inklusive Ernährungstagebuch gespeichert haben. Auf Instagram sollten wir ebenso aktiv sein und kostenlose Tipps veröffentlichen, die Lust nach mehr Information machen. Durch unser breites Angebot und die hohe Angebotsqualität können wir weitere Kooperationspartner binden. Das verschafft uns ein Wettbewerbsvorteil.

4.2 SWOT-Analyse

Die SWOT-Analyse steht für die Abkürzung „Analysis of Strength, Weakness, Opportunities, Threats", was auf deutsch übersetzt, bedeutet Analyse von Stärken, Schwächen, Chancen und Bedrohungen der potentiellen Wettbewerber.

Das Gesundheitsbewusstsein steigt seit 2018 jährlich um durchschnittlich 1,8 % pro Jahr (Ibis World, 2023). Das spielt unserem Streben nach Mitgliederwachstum in die Karten. Die Menschen sind unteranderem durch die Corona-Pandemie für Gesundheit sensibilisiert worden und wissen, dass Bewegung guttut. Unsere Aufgabe ist es, herauszukristallisieren, warum man sich in einem hochpreisigen Studio anmelden sollte und somit unsere Stärken abzuheben. Wichtig ist es auch, Schwächen zu analysieren, um herauszufinden wie wir uns im Markt durchsetzen können. Dabei können

Marketingmaßnahmen helfen. Kostenloses Wissen auf den Sozialen Medien oder kurze Seminare in Firmen können ein guter Start sein, um auf uns aufmerksam zu machen. Vor allem Firmen sind daran interessiert, Gesundheit ihrer Mitarbeiter zu fördern und somit die Krankheitstage zu reduzieren und das Wohlsein zu steigern.

Tab. 3: Stärken und Schwächen des Unternehmens

Stärken	Schwächen
Technologisch fortschrittlich führendes Equipment	Hochpreisiges Equipment
Vollumfassende Betreuung durch sehr gut ausgebildetes Personal	Überdurchschnittliche Bezahlung des Personals ergibt hohe Kosten, Fortbildungen sind teuer
Gesamtpaket: Training, Wellness und Physiotherapie	Hochpreisige Mitgliedschaft, die Neukunden abschrecken könnte

Tab. 4: Chancen und Risiken der Umwelt

Chancen	Risiken
Das Bewusstsein für Gesundheit hat sich durch vermehrt auftretende physische und psychische Krankheiten in den letzten Jahren erfahrungsgemäß stark erhöht.	Durch ein großes Angebot an kostenlosem Gesundheitscontent wie YouTube Videos oder Instagramseiten, kennen viele Personen den Mehrwert von gut ausgebildeten Spezialisten nicht und wollen folglich nicht dafür zahlen.
Durch Kooperationen mit renommierten Ärzten, ist unser Angebot authentisch.	Der Kontakt zu Ärzten herzustellen könnte durch schon vorhandene Kooperationen mit anderen Gesundheitszentren problematisch werden.

Tab. 5.: SWOT-Matrix

	Chancen	Risiken
Stärken	Unser gut geschultes Personal betreut die Mitglieder, die dadurch schnelle Fortschritte machen und die psychische und physische Gesundheit verbessert sich dadurch drastisch. Ärzte gehen neue Kooperationen mit unserem Unternehmen ein, da unser Angebot umfassend ist und sie auch Patienten mit Rezept zu unseren Physiotherapeuten überweisen können. Im Gegenzug empfehlen wir die Ärzte und haben dadurch direkte Ansprechpartner bei jeglichen Verletzungen. Die Ärzte generieren Neukunden.	Durch unser breites Angebot findet bei uns jeder das passende Angebot. Individuelle Trainingspläne decken mehrere Sportarten ab, da funktionales Training essenziell ist. Ernährungspläne werden individualisiert. Verletzungen können vorgebeugt und behandelt werden. Alles an einem Ort. Durch die Aufklärungsarbeit unseres Personals sind viele Menschen bereit in ihre Gesundheit zu investieren.
Schwächen	Hohe Personalkosten werden durch höhere Mitgliedsbeiträge, sowie Zusatzverkäufe von Leistungen getragen. Zufriedene Kunden sind das Aushängeschild und empfehlen uns weiter, so werden Werbungskosten minimal eingespart.	Einstellung von Studenten der DHfPG senkt die Personalkosten und der Standard bleibt trotzdem hoch. Durch die Kooperation mit Ärzten bringen wir Kunden dazu uns zu vertrauen. Durch unsern eigenen kostenlosen und trotzdem hochwertigen Content auf Instagram machen wir auf uns aufmerksam.

4.3 Zielplanung

Die in Abschnitt 2.2 angestrebten Unternehmensziele sind realisierbar.

Durch die umfassende Betreuung unserer qualifizierten TrainerInnen ist das Ziel der Erreichung der Gesundheitsziele der Mitglieder realisierbar. Das wird realistischerweise nicht bei allen gleich schnell gehen. Da wir Experten zu vielen Themen haben, können wir auch beispielsweise bei Nichterreichen der Ziele einen Arzt/Ärztin oder Physiotherapeuten zu Rat ziehen und dem auf den Grund gehen.

Durch die beschriebenen Marketingmaßnahmen und die Mund-zu-mund Propaganda unserer Mitglieder ist auch das Ziel der Mitgliedergewinnung realisierbar. Es gibt zwar einige Studios in der Umgebung, die ähnliche Dienstleistungen anbieten, jedoch können wir durch Expertise, lange Öffnungszeiten und neuste Technologien überzeugen.

Das dritte formulierte Ziel der stetigen Weiterbildung ist ebenso umsetzbar. Durch eine Kooperation mit der DHfPG können wir auf gut ausgebildeten Studenten*innen zurückgreifen und Weiterbildungen buchen. Außerdem bieten wir interne Schulungen an, bei denen alle Angestellte auf den neusten Stand gebracht werden und sich austauschen können.

Dortmund weist ein gut ausgeprägtes Netz aus Gesundheitsexperten auf, so ist die Gewinnung von weiteren Kooperationspartnern möglich. Firmen, Schulen und eventuell Kindergärten haben einen hohen Bedarf an Gesundheitsförderung. Man könnte durch Mitglieder auf diese zugehen.

5 Aufgabe 4: Phase der Strategieformulierung

5.1 Strategieformulierung

Auf Unternehmensebene ist die Wachstumsstrategie zu befolgen, die sich vor allem zum Ziel setzt die Wettbewerbsposition zu verbessern und Marktanteile zu gewinnen (Schumann, 2024, S. 145). Die Strategie wird gewählt, da das Unternehmen neu gegründet wird und sich einen Mitgliederstamm aufbauen muss, um alle Kosten zu decken. Dadurch ergibt sich die angestrebte Produkt-Markt-Strategie der Marktdurchdringung. Diese wird durch Erhöhung des eigenen Marktanteils gegenüber den der Konkurrenz erreicht (Gatte & Simon, 2010, S. 29). Die Erfolgswahrscheinlichkeit liegt laut Nagel und Wimmers bei 50% (Wimmers & Nagel , 2009, S. 206).

Auf Geschäftsbereichsebene ist die Differenzierungsstrategie zu befolgen, mit Hilfe derer wir uns von unseren Mitbewerbern abheben möchten. Das erfordert das Herausarbeiten eines Alleinstellungsmerkmals (Schumann, 2024, S. 161), was bei uns die herausragende Betreuung durch Experten darstellt. Außerdem werden die potentiellen Kunden durch das familiäre Gefühl von unserem Team abgeholt. Dadurch setzen wir uns ab.

5.2 Blue Ocean-Strategie

Eine Blue Ocean-Strategie wird definiert durch die Erschaffung neuer, noch nicht besetzter Märkte (Schumann, 2024, S. 173). Wir könnten mit unserem Unternehmen mit der Idee eines „Laufführerscheins" einen Blue Ocean erzeugen. Jeder Mensch kommt irgendwann mit dem Thema Laufen in Berührung. Das erste, an was die meisten Menschen denken, wenn es um das Thema Abnehmen geht, ist: Joggen. Doch das kann oft eher gesundheitsschädigend anstatt gesundheitsfördernd sein. So bieten wir für wenig Geld einen Laufführerschein an, bei dem die Menschen auf die Grundlagen aufmerksam gemacht werden. Die Hemmschwelle für den Führerschein wird durch den niedrigen Kostenfaktor niedrig gehalten und dient als Eintrittskarte in die Gesundheitswelt und somit unser Studio. Kooperationspartner könnten in zum Beispiel Arzt Praxen, Firmen oder Schulen darauf aufmerksam machen.

6 Personalmanagement

6.1 Führungsverhalten

Als Führungskraft in einem gesundheitsorientierten Unternehmen wird eine empathische, organisierte Person erwartet, die nach den Grundwerten des Unternehmens lebt und diese verkörpert. Sie übernimmt Verantwortung und agiert als Vorbild, weißt die Persönlichkeitsmerkmale Kritikfähigkeit, Zuverlässigkeit, Selbstvertrauen, Empathie und Anpassungsfähigkeit auf. Wichtig ist, dass die Führungskraft nach den Grundwerten, Visionen und Mission des Unternehmens handelt, denn ansonsten werden die Mitarbeiter dies auch nicht tun und das erscheint den Kunden nicht authentisch.

Die Führungskraft sollte die Mitarbeiter in Entscheidungen mit einbinden, damit diese ein Gefühl der Wertschätzung erhalten und motiviert bleiben. Außerdem ist die Führungskraft dafür zuständig die Mitarbeiter zu fordern, aber nicht zu überfordern. So werden die Stärken der gefestigt und die Mitarbeiter danach eingesetzt. Das beruht darauf, dass die Führungsperson die Mitarbeiter kennt und diese gut einzuschätzen weiß. Regelmäßige Mitarbeitergespräche, die als Feedbackgespräche und Setzung neuer Ziele fungieren, sind unabdingbar.

Daraus ergibt sein ein Mix aus dem Integrierender Führungsstil und dem Partizipativer Führungsstil. Beim integrierende Führungsziel werden die Mitarbeiter zwar miteinbezogen, die Ziele sind jedoch vorgegeben. Die Mitarbeiter werden jedoch in den Weg der Zielerreichung miteinbezogen. Beim partizipativen Führungsziel nehmen Vorgesetzte und Mitarbeiter gemeinsam am Entscheidungsprozess teil (Hinterhuber, 2004, S. 163-164).

6.2 Recruiting

Das Recruiting startet mit der Erstellung einer Stellenausschreibung, in der klar definiert ist welche Qualifikationen die gesuchte Person vorweist, aber auch welche Position sie im Unternehmen einnimmt.

Daraus wird ein Anforderungsprofil erstellt. Das Anforderungsprofil beschreibt die gesuchte Person genau und erleichtert den Prozess, da eine Vorauswahl getroffen werden kann. Es werden grundlegende Voraussetzungen wie das Besitzen einer Fahrerlaubnis, Grundkenntnisse in bestimmten Sprachen und körperliche Fitness definiert. Außerdem Kenntnissmerkmale, die die Qualifikationen und Erfahrungen beinhalten. Das Hauptaugenmerkmal liegt auf den persönlichen Anforderungen, bei denen erst klar wird, ob die Person das Image des Unternehmens vertritt.

Im nächsten Schritt wird die Stellenanzeige im Internet in Jobportalen, aber auch unserer eigenen Homepage veröffentlicht. Außerdem veröffentlichen wir die Anzeige auch in der lokalen Zeitung, um die Reichweite zu erweitern.

Sobald Bewerbungen eingegangen sind, wird eine Vorauswahl mittels Prüfung der Qualifikationen und Zeugnissen getroffen.

Die ausgewählten Personen werden zu einem Online Bewerbungsgespräch eingeladen, in dem ein erstes Kennenlernen stattfindet. Wir als Unternehmen stellen uns vor, aber auch der potentielle neue Mitarbeiter. Hier wird erstmals festgestellt, ob wir zusammenpassen könnten.

Als nächstes werden einige zum Assesment-Center vor Ort eingeladen. Die potentiellen Mitarbeiter werden auf ihre zukünftigen Anforderungen geprüft. Wichtig dabei ist, dass klar wird ob die Grundwerte des Unternehmens vertreten werden. Es werden Gruppenaufgaben, sowie Einzelaufgaben gelöst, um auch das Verhalten im Team festzustellen. Das ist besonders wichtig.

Ist der oder die geeignete MitarbeiterIn ausgewählt, wird der Vertrag festgelegt und von beiden Seiten unterschrieben. (Schumann, 2024, S. 225 ff)

7   Literaturverzeichnis

Gatte, & Simon. (2010). *Das große Handbuch der Strategieinstrumente: Werkzeuge für eine erfolgreiche Unternehmensführung.*

Hinterhuber, H. H. (2004).

Ibis World. (23. Mai 2023). Abgerufen am April 2024 von https://www.ibisworld.com/de/bed/gesundheitsbewusstsein/409/#:~:text=Das%20Gesundheitsbewusstsein%20hat%20sich%20seit,Auswirkungen%20der%20Coronavirus%2DPandemie%20belastet.

Injoy Pottfit. (kein Datum). Von https://www.injoy-pottfit.de/ueber-uns/ abgerufen

Mietspiegel. (17. April 2024). Von https://mietspiegeltabelle.de/mietspiegel-dortmund/. abgerufen

Openroute Service. (17. April 2024). Von https://maps.openrouteservice.org/#/reach/Rheinische%20Stra%C3%9Fe%2041,Dortmund,NW,Deutschland/data/55,130,32,198,15,97,4,224,38,9,96,59,2,24,5,192,166,6,113,0,184,64,118,0,232,1,96,21,128,6,1,25,72,19,128,26,83,44,49,129,152,3,102,32,14,16,233,2,0,29,83 abgerufen

Schumann, P. D. (2024). *Studienbrief Strategische Unternehmensführung I (rev.30.057.000).* Saarbrücken: Deutsche Hochschule für Prävention und Gesundheit.

Schweiz, G. (2022). *quint-essenz.* Abgerufen am April 2024 von https://quint-essenz.ch/de/concepts

Vital Dortmund. (2024). Abgerufen am 2024 von https://www.vital-dortmund.de/kontakt

Wimmers, R., & Nagel, R. (2009). *Systemische Strategieentwicklung* (Bd. 5.Auflage).

8 Abbildungs- und Tabellenverzeichnis

8.1 Abbildungsverzeichnis

8.2 Tabellenverzeichnis